DOCUMENTS SUR LA PROVINCE DU PERCHE
2e Série. — No 7.

NOTICE

SUR

LA MANORIÈRE

PAR LE

Vte DE SOUANCÉ

MORTAGNE
Vve Georges MEAUX, Imprimeur-Éditeur

M. DCCCC. I.

NOTICE
SUR
LA MANORIÈRE

Le premier souvenir qu'évoque la Manorière est celui de la Bourbonnaise, cette légende que tant d'auteurs se sont plu à rapporter, croyant y trouver un sujet intéressant le vieux Nogent. Une critique, aussi documentée que serrée, a transformé cette légende du Moyen-Age, en un roman créé de toutes pièces par une spirituelle châtelaine du xixe siècle (1).

N'était-ce pas tentant de chanter, dans une seule idylle : Courcelles avec sa vieille tour, sur les rives de la Rhône, la Manorière et sa fuye d'un autre âge dans la vallée de la Berthe, dépendances d'un même domaine ?

Aussi, abandonnons la légende, scellée d'un sceau fabuleux soigneusement décrit et reproduit, pour nous renfermer dans le cercle plus étroit de l'histoire.

---

(1) Voir : le *Nogentais*, année 1899.

La Manorière, que d'infatigables chercheurs se sont efforcé, sans doute, par un motif particulier, de trouver sur le territoire de Coudray, est située, au fond d'un vallon encaissé, dans la commune de Vichères.

Au point de vue de la hiérarchie féodale, la Manorière était un fief relevant de la seigneurie de Brunelles, qui était elle-même vassale de Nogent-le-Rotrou ; mais il semble d'après l'analyse d'une composition de rachat du 5 mai 1501, qu'une partie de cette terre relevait alors du Plessis.

L'acte le plus ancien qui en fasse mention date de 1482 (1).

A cette époque, la Manorière ou *Manordière*, comprenait, en dehors de divers bâtiments, deux maisons manables, qui subsistèrent jusque vers le milieu du XVIe siècle. Dans le contrat de vente de la terre et métairie de la Manorière, daté du 8 juillet 1539, il était stipulé que les vendeurs se réservaient une des maisons.

Ce fut seulement quelques années après cette vente, que Philippe de Certieux, le nouveau propriétaire, entré en possession de toutes les dépendances, détruisit les diverses constructions, pour édifier l'élégant petit manoir flanqué de deux tours avec meurtrières, et entouré de deux fossés, que nous voyons aujourd'hui. Un peu plus loin, au-delà de la première enceinte, on remarque encore une tour ronde, l'ancienne fuye, dont l'architecture ne présente aucun caractère.

L'intérieur du château ne renferme ni sculptures, ni restes d'objets artistiques, comme ferrures, boiseries, moulures. Dans chaque pièce, où les poutres des plafonds sont apparentes, se trouve une grande cheminée sans ornementation, semblable à celle que l'on fait encore dans les fermes de la contrée.

---

(1) *Dictionnaire topographique du département d'Eure-et-Loir*, par Merlet.

FAMILLE DE THERRÉ

Les premiers seigneurs connus de la Manorière appartenaient à la famille de Therré.

Le 5 mai 1501, Adam de Therré passa, avec Jean de Quatrevault, écuyer, seigneur du Plessis, une composition de rachat à cause du fief de la Manorière.

Robert de Therré, écuyer, sieur de la Billonnière, et Jean de Therré, bachelier, prieur de Maison-Maugis et de Marcheville, héritiers de Blanchet de Therré, sieur de la Madeleine (1) vendirent, le 8 juillet 1539, à Philippe de Certieux, sieur de Bouqueval, la terre et métairie de la Manorière, se composant de maisons manables, granges, étables, terres, prés, buissons et d'un petit étang, pour 900 livres tournois, en conservant toutefois une maison et l'étang.

FAMILLE DE CERTIEUX

Entré en possession de ces biens, il chercha, ainsi que ses descendants, à arrondir sa terre par des acquisitions diverses, faites successivement de 1540 à 1656, telles qu'une partie du petit Plessis, achetée à Robert de Senroüer (2) et à Gilles de Chartain, seigneur de la Soublière (3) ; la Bardelière, acquise de Jean de Biard, chevalier, seigneur de Saint-Georges ; le grand Plessis, vendu par Gilles de Michelet, écuyer, seigneur de Radray. (4)

---

(1) La Madeleine, com. de Brunelles.
(2) Peut-être faudrait-il lire *Sansavoir*.
(3) La Soublière, com. de la Gaudaine.
(4) Cette généalogie de la famille de Certieux est établie d'après les registres de paroisses, et les manuscrits de la bibliothèque nationale

Philippe de Certieux, écuyer, seigneur de Bouqueval, était petit-fils de Denis de Certieux, fils de Antoine de Certieux dit le Brun, seigneur de Bouqueval et de Marguerite de Boffles, sa seconde femme (1), et frère de Denis de Certieux, écuyer, seigneur de Bouqueval.

Philippe de Certieux avait été amené à se rendre acquéreur de la Manorière, par suite de son mariage avec Gillette ou Jacqueline de Quatrenvault ou Quatrevault, fille unique de Jean de Quatrenvault, écuyer, sieur du Plessis et de Andrée d'Amillé ou Amelly, et veuve de Nicolas de Beaulieu (2), écuyer, sieur de Plainville (3). Il mourut avant 1567, laissant :

1° Paul de Certieux ;

2° Charles qui suit :

Charles de Certieux, écuyer, seigneur de la Manorière, du Plessis et de la Branchardière, l'un des Cent Gentilshommes de l'ancienne bande de la Maison du Roi en 1585, mort le 30 juin 1611 et inhumé le lendemain dans l'église de Vichères, avait épousé : 1° par contrat passé le 22 octobre 1566, Jeanne de Lanfernat (4) ; 2° par contrat passé le 3 février 1602, par devant Malais, notaire à Préaux, Renée de Sarrazin, morte le 2 mars 1622, inhumée le lendemain en l'église de Vichères, fille d'Adam de Sarrazin, écuyer, seigneur du Perrai et de Alix de Fontenai (5).

(cabinet d'Hozier : généalogie sommaire commençant à Denis de Certieux vivant vers 1500 et nouveau d'Hozier, généalogie sommaire depuis Philippe de Certieux, seigneur de Bouqueval en 1530.

Les armes de la famille de Certieux étaient : *de sable à trois chevrons d'or*.

(1) Il avait épousé en premières noces Blanche de Sébouville.

(2) De son premier mariage, elle eut pour enfants Nicolas de Beaulieu, pour lequel, elle rendit aveu, en juillet 1567, du lieu et fief du Grand-Plessis à Lancelot de Rosny, seigneur de Brunelles, et Ysabeau de Beaulieu, épouse de Beaudouin de Garguesalle, sieur de Beaulieu (ou plutôt de Beaudouin de Beaulieu, seigneur de Garguesalle, car nous voyons Floridas de Beaulieu, écuyer, seigneur de Garguesalle, paroisse du même nom, rendre foy et hommage de ce fief à la châtellenie d'Exmes en octobre 1571. (Arch. nat. P. 310, cote LIX et suiv.).

(3) Plainville, com. de Marolles.

(4) La famille de Lanfernat est originaire de la Brie et porte pour armes : *d'azur à trois losanges d'or, accompagnés d'un casque de front*.

(5) Armes de la famille de Sarrazin : *d'argent à la bande de gueules, chargée de trois coquilles d'or*.

De son second mariage, il eut :

1° Charles, seigneur de la Manorière, inhumé en l'église de Beaumont-les-Autels, le 17 mars 1630, sans postérité.

2° Denis, seigneur en partie de la Manorière, né en 1608, baptisé en l'église de Trizay le 8 octobre 1615, fit son testament le 15 juin 1658, mourut le 20 juin 1658, et fut inhumé le lendemain, en l'église de Vichères. Il avait épousé Anne de Fouchais (1) baptisée le 3 octobre 1611 en l'église de Luigny, fille de François de Fouchais écuyer, sieur de la Faucherie (2) et de Anne de Gallon, dont :

> A. — Louis, baptisé en l'église de Vichères le 1er mai 1634 ;
>
> B. — Charles, baptisé au temple protestant d'Authon le 25 mars 1635.
>
> C. — Anne, dame de la Manorière et du Breuil (3), en 1658, baptisée en l'église de Tiron le 24 septembre 1638, inhumée en l'église de Vichères le 2 juin 1656, épousa en l'église de Vichères, le 30 avril 1654, Jehan de Marvillier, chevalier, seigneur de Viabon, en Beauce, fils de René de Marvillier, chevalier, et de Marie de Molitard.

3° Benjamin, qui suit.

4° Louise, épousa : 1° le 23 juin 1636, en l'église de Vichères, Pierre Grenet, écuyer, sieur de Lespinay ; 2° Jean de Fontenay (4), écuyer, sieur de la Tarannière.

Benjamin de Certieux, écuyer, seigneur du Plessis et de la Manorière, baptisé en l'église de Vichères le 1er avril 1612, épousa : 1° par contrat passé, le 26 janvier 1631, par devant Boucher, tabellion de la châtellenie de Tiron, Jacqueline

---

(1) Armes de Fouchais : *d'azur semé de piques d'argent.*
(2) La Faucherie, com. de Tiron.
(3) Le Breuil, com. d'Illiers.
(4) Armes de Fontenay : *d'argent à deux lions léopardés de sable passant l'un au-dessus de l'autre, armés, lampassés et couronnés de gueules.*

L'Ecuyer (1), née en 1587, inhumée en l'église de Vichères, le 19 juillet 1662, fille de Nicolas L'Ecuyer, écuyer, seigneur de la Papotière et de Philippe Couette ; 2° le 23 novembre 1662, Renée de Sansavoir, fille de François de Sansavoir, seigneur de Bourseque et de Louise de Philmain.

Du premier mariage naquit un seul fils.

Denis qui suit :

Denis de Certieux, écuyer, seigneur du Plessis, de la Manorière en partie, baptisé le 9 octobre 1633 en l'église de Vichères, épousa : 1° Marie de Dannemont, par contrat passé par devant Viandier, notaire à Saint-Ulphace, le 30 novembre 1657 ; 2° par contrat passé, par devant Suart, notaire de la baronnie d'Authon, le 30 janvier 1692, et en l'église d'Authon, le 11 février suivant : Anne-Henriette de Gallot, fille de Louis de Gallot, écuyer, seigneur de Tilli et de Henriette de Pezéy.

Du second mariage :

1° Denis qui suit ;

2° Henriette-Anne, née le 13 septembre 1695, baptisée le 15 en l'église de N.-D. de Théligny, entrée en la maison royale de Saint-Cyr, en 1705. (2)

Denis de Certieux, écuyer, seigneur des Alleux (3), de la Porte, épousa : 1° en l'église d'Authon, le 29 juin 1717, Marie-Victoire de Cremainville, fille de Elie de Cremainville (4), chevalier, sei-

---

(1) Armes de la famille L'Ecuyer de la Papotière : *d'argent à une fasce d'azur, chargée de trois coquilles d'argent et accompagnée de six merlettes de sable posées trois en chef et trois en pointe.*

(2) Armes de la famille de Gallot : *d'hermines à trois chevrons de gueules.*
Anne-Henriette de Gallot, épousa, en secondes noces, Georges-François-Léonard-Louis de Boisguyon, écuyer, seigneur du Grandhoux, par contrat du 10 juin 1698 et fut inhumée, le 20 novembre 1709, en la nef de l'église de Théligny.

(3) Les Alleux, com. de Théligny (Sarthe).

(4) Armes de la famille de Cremainville : *d'azur à un besan d'or, au chef de même, chargé de deux tourteaux d'azur.*

gneur de Soville et de Marie-Marguerite de Saint-Meloir ; 2° le 8 juillet 1722, en l'église de Meréglise, Louise de Collas (1), veuve de Jacques de Commargon, chevalier, seigneur de Meréglise.

Du premier mariage :

1° Marie-Catherine, baptisée en l'église de Théligny, le 10 mai 1718.

Ce Denis de Certieux, ne devrait pas figurer dans cette notice, si ce n'est comme complément de la généalogie de la famille de Certieux.

En effet son père, Denis de Certieux, écuyer, quoiqu'à l'époque de son mariage avec Henriette de Gallot fût qualifié seigneur de la Manorière, avait cédé ses droits sur cette terre et ce fief, par suite d'arrangements pris à la mort de son oncle Denis, seigneur en partie de la Manorière en 1658, à sa cousine germaine Anne, épouse de Jean de Marvillier, chevalier, seigneur de Viabon.

FAMILLE DE MARVILLIER

Les nouveaux propriétaires passèrent un acte de composition de rachat du fief de la Manorière le 7 août 1658, et en rendirent aveu, le 17 janvier 1668, à Charles Amelot, seigneur de Brunelles.

A partir de cette époque, le manoir de la Manorière fut entièrement abandonné et transformé en maison d'habitation pour le fermier, telle que nous la voyons aujourd'hui.

Jean de Marvillier et Anne de Certieux, eurent une fille unique : Louise, dame de la Manorière, du Burail (2), du Perruchet (3), de la Croix (4), du moulin de Fousseau (5), née en 1660,

---

(1) Armes de la famille de Collas : *d'argent à une givre de sable, tortillée de 6 pièces et engloutissant le bas du corps d'un enfant de gueules ; au chef de gueules, chargé de deux roses d'argent,*

(2) Le Burail, com. de Beaumont-les-Autels.
(3) Le Perruchet, com. de Luigny.
(4) La Croix, com. de Vichères.
(5) Le moulin de Fousseau, id.

morte à Paris le 30 juin 1687, mariée par contrat du 3 novembre 1686, et en l'église de Saint-Mery le 12, à Jules de Prunelé (1), chevalier, baron de Saint-Germain, enseigne au régiment des Gardes Françaises en 1682, lieutenant en 1684, né en 1658, mort en 1698, fils de Jacques de Prunelé, baron de Saint-Germain et de Jeanne-Agnès de Rigné, dont :

1° Jules-César, qui suit :

FAMILLE DE PRUNELÉ

Jules-César, marquis de Prunelé (2), baron de Saint-Germain-le-Désiré et de Molitard, seigneur de Marvillier, Viabon, Vallières, la Manorière, le Burail, le Perruchet, la Croix, né à Paris le 14 juin 1687, capitaine au régiment des Landes Infanterie, le 17 octobre 1706, blessé à Malplaquet en 1709, mort le 14 mars 1738, inhumé en l'église de Saint-Etienne-du-Mont à Paris, avait épousé, par contrat du 13 juin 1719 et en l'église de Champigny près Blois le 14 juin, Antoinette Pailhès, née en 1699, fille d'Auger Pailhès, écuyer, seigneur de la Gouève près de Rieux en Languedoc, et de Antoinette Ponthon, morte en 1729.

Le 2 mai 1715, le marquis de Prunelé, qui céda de suite ses droits à Charles de Vassé, chevalier, seigneur de Vallières, vendit pour 15.000 livres tournois, la terre, fief et seigneurie de la Manorière, la Croix, le moulin de Fousseau, le bordage et le bois de Burail, le bordage de Perruchet et leurs dépendances, à René-Ursin Durand, chevalier, seigneur de Mongraham du Boullay, Bure, Pisieux (3).

Ces différentes terres furent alors rattachées au domaine de Mongraham dont elles n'ont cessé de faire partie.

---

(1) La famille de Prunelé dont la généalogie remonte au XIII° siècle est une des plus anciennes du Pays Chartrain et porte : *de gueules à 6 annelets d'or, 3, 2 et 1*.

(2) Jules de Prunelé épousa en secondes noces par contrat du 15 février 1689, Marguerite Dorat, fille de Jean Dorat, doyen de la Chambre des Comptes de Paris, et de Philippe de Chaillou, dont il eut quatre filles.

(3) Armes de la famille Durand de Pisieux : *d'or à une flèche renversée en pal de sable, accolée d'un serpent de même, à la tête contournée*.

La généalogie de la famille Durand de Pisieux, sera le sujet d'une notice particulière.

SEIGNEURS ET PROPRÉTAIRES

DE LA MANORIÈRE

1501. — Adam de Therré.

1530. — Blanchet de Therré.

1539. — Robert et Jean de Therré.

1539-1567. — Philippe de Certieux et Gillette de Quatren-vault.

1567-1611. — Charles de Certieux et Renée de Sarrazin.

1611-1658. — Charles, Denis, Benjamin de Certieux, seigneurs en partie de la Manorière.

1658-1686. — Anne de Certieux et Jean de Marvillier, chevalier.

1686-1687. — Louise de Marvillier et Jules de Prunelé, chevalier.

1687-1715. — Jules-César, marquis de Prunelé et Antoinette Pailhés.

1715-1776. — René-Ursin Durand de Pisieux, et Madeleine des Feugerets.

1776-1795. — René-Ursin-Nicolas Durand de Pisieux et Jeanne Poullain de Brustel.

1795-1819. — François-Ursin Durand, comte de Pisieux et Alexandrine de Montboissier-Beaufort-Canillac

1819-1886. — Louise-Françoise-Pauline Durand de Pisieux et Charles d'Alsace, prince d'Hénin-Liétard.

1886. — Simon d'Alsace, prince d'Hénin-Liétard et Angélique de Brienen.

INVENTAIRE DES TITRES

DE LA MANORIÈRE

1er Septembre 1500

Contrat de mariage entre Nicolas de Beaulieu, écuyer, sieur de Plainville, d'une part et Gillette de Quatrenvault, seule fille et héritière de Jean de Quatrenvault, écuyer, sieur du Plessis et d'Andrée d'Amelly.

5 Mai 1501

Composition de rachat faite entre Jean de Quatrenvault, écuyer, seigneur du Plessis et Adam de Therré, pour raison du fief de la Manorière, du petit Plessis, paroisse de Vichères.

8 Juillet 1539

* Contrat d'acquest de la terre et métairie de la Manorière, consistant en maison manable, granges, estables, terres, prés, buissons, étang, fait par Philippe de Certieulx, sieur de Bouqueval, de Robert de Therré, sieur de la Billonnière et de Jean de Therré, bachelier, prieur de Maison-Maugis et Marchéville, pour le prix de 900 livres tournois en principal. Les vendeurs se réservaient en outre l'étang et une maison et possédaient les choses vendues comme héritiers de Blanchet de Therré, sieur de la Madeleine.

17 Juin 1543

* Acquêt de la cinquième partie du lieu et dépendances du petit Plessis, fait par Philippe de Certieux, de Robert du Senroüer, et consors pour le prix et somme de 40 livres tournois.

---

(1) Cet inventaire est extrait des archives du château de Mongraham. La copie en a été faite par Monsieur Guillon, instituteur à Souancé.

Les actes marqués d'un astérisque sont encore au château de Mongraham.

1ᵉʳ Juillet 1545

* Acquêt de trois arpens de terre situés à Giraumont, fait par Jean Vallée, arpenteur au bourg de Saint-Victor, de Pasquier des Hayes, prêtre, et d'une pièce de terre dépendant du dit lieu, contenant un arpent pour le prix de 26 livres, en principal achat et 10 livres de vin de marché.

17 Février 1559

Copie des contrats faits entre Philippe de Certieux et Gilles de Chartin, seigneur de la Soublière et Charles de Certieux. touchant la vendition de la terre de la Manorière et du petit Plessis et autres acquêts.

4 Avril 1559

Mémoire et transaction passée entre messire Jean de Biart, chevalier, sieur de Saint-Georges, le sieur de Biart son fils, et M. de la Manorière, concernant la terre de la Bardelière et autres biens y énoncés.

6 Septembre 1561

Ancien mémoire de ce qui estait compris sous les protestations faites aux partages d'entre le sieur de Bouqueval et damoiselle Jacqueline de Quatrenvault son épouse, d'une part et Nicolas de Beaulieu, écuyer, sieur de Plainville, Beaudouin de Garguesalle, écuyer et damoiselle Ysabeau de Beaulieu sa femme, d'autre part, touchant l'avoir de la dite damoiselle de Quatrenvault, prétendu en maison, cour du lieu de Plainville.

22 Octobre 1566

Copie du contrat de mariage d'entre Charles de Certieux, écuyer, sieur de la Manorière et damoiselle Jeanne de Lanfernat.

Juillet 1567

* Aveu et dénombrement du lieu, fief et dépendances du grand Plessis, rendu à messire Lancelot de Rosny, seigneur de Brunelles, par damoiselle Jacqueline de Quatrenvault, veuve de

Philippe de Certieulx, sieur de Bouqueval, homme de foy du dit fief, tenu à foy, hommage, rachat et cheval de service, quand le cas y échet, de la seigneurie de Brunelles.

12 Septembre 1567

Déclaration pour le lieu et rentes de la Manorière, avec protestations des frères et sœurs de M. de la Manorière, contre la réception de la déclaration.

12 Septembre 1567

Déclaration réformée des héritages provenant de la succession de damoiselle Jacqueline de Quatrenvault, veuve de Philippe de Certieux, sieur de Bouqueval, faite par Nicolas de Beaulieu, sieur de Plainville, fils ainé et principal héritier, à ses cohéritiers en la dite succession. Avec un mémoire des dits héritages, composant le deuxième lot, attachés ensemble.

28 Juillet 1569

* Acquêt de plusieurs pièces de terre aux lieux de la Croix, de la Vove, du Petit-Chemin, paroisse de Vichères, fait par Charles de Certieux, écuyer, sieur de la Manorière, et de damoiselle Jeanne de Lanfernat, son épouse, de Guillaume Mondeguerre, demeurant à Gardais, pour le prix de 650 livres tournois.

1569-1595

* Ancien inventaire des titres et acquêts faits par M. de la Manorière, avec un récépissé de M. de Certieux, que les dits titres ont été rapportés de Bellême et remis entre ses mains le 10 mars 1595.

21 Avril 1570

Acquêt d'un quarsonnier et demi de terre en pré, dépendant de la Borde-aux-Merels, paroisse de Vichères, fait par Charles de Certieux, de Damien Mesnager, laboureur, demeurant paroisse de Vichères au lieu de la Vofve, pour le prix de 35 livres en principal achat et 50 sols de vin, avec la quittance des lots et ventes étant au dos du dit acquêt, payés à Madame de Rosny, dame de Brunelles, par le dit acquéreur.

26 Août 1570

Acquêt par le même de Bertrand Martin, laboureur, demeurant à la Petite Borde, paroisse de Trizay, d'une petite portion de pré à prendre en plus grande pièce dépendant du lieu de la Vaizie, appelée les Pastisseaux pour le prix de 26 livres, un principal achat et 40 sols en vin de marché.

4 Décembre 1570

Acquêt de neuf perches de pré dépendant de Rougemont, fait par Charles de Certieux, de Florent Chignon, marchand, demeurant à Authon, pour le prix de 42 l. 10 s. en principal et 20 s. en vin de marché.

1er Février 1571

Acquêt par le même de 10 perches de pré à prendre en plus grande pièce dépendant de la métairie de Rougemont, paroisse de Vichères, de Jean Guillin, demeurant à Argenvilliers, pour 24 livres et 12 sols en vin de marché.

1er Mai 1572

Acquêt par le même de Jean Legendre, escardeur, demeurant à Rougemont, de 3 perches de pré à prendre près du moulin du Pont, paroisse de Vichères, pour le prix de 9 livres et 12 sols en vin de marché.

19 Juin 1572

Acquêt par le même de Colas Bruslé, laboureur au But-aux-Bruslés, paroisse d'Argenvilliers, de 10 perches de pré, près du moulin du Pont, paroisse de Vichères, pour 31 livres, 10 sols et 12 sols en vin de marché.

1er Août 1572

Partages faits entre Charles de Certieux, écuyer, sieur de la Manorière, d'une part, et Beaudouin de Garguesalle, écuyer, seigneur de Beaulieu et damoiselle Ysabeau de Beaulieu son épouse, d'autre part, des héritages à eux échus de la succession de Jacqueline de Quatrenvault, épouse du seigneur de Bouqueval.

13 Octobre 1572

Acquêt de 9 perches de pré ou noüe, dépendant du lieu de la Borde-aux-Merels, paroisse de Vichères, fait par Charles de Certieux, de Jean Martin, demeurant au dit lieu de la Borde, pour 18 livres et 25 sols en vin de marché.

4 Novembre 1572

Acquêt de 4 sols tournois de rente héritale, annuelle et perpétuelle, faite par le même, de Jean Chevauchée, charron, demeurant au lieu de la Berrière à Argenvilliers, pour 4 livres tournois, laquelle rente devait être faite par les vendeurs au seigneur de Brunelles, à cause d'une pièce de pré de 13 perches dépendant du lieu de Rougemont, paroisse de Vichères.

19 Décembre 1572

Echange fait entre Beaudouin de Garguesalle, écuyer et damoiselle Ysabeau de Beaulieu son épouse, d'une part, et Charles de Certieux, d'autre part. Le sieur de Certieux, leur cède les deux tiers d'un arpent de pré à prendre dans la prairie de la Chenellière, appelé le pré du Chesnay ; et en contr'échange es dits sieur et damoiselle de Garguesalle cèdent la moitié d'une pièce de terre labourable contenant 5 quartiers, appelée le champ de la Cure, sise près de Vichères, avec une lottée de terre prise au bout d'en bas de la pièce de Durompais, dépendant de la métairie du Plessis en Vichères.

27 Décembre 1572

Echange entre Charles de Certieux et Jean Lemoine, texier en toile, demeurant à Monthuan, paroisse de Bethonvilliers. Le premier cède deux pièces de terre dépendant de la Guillerie, paroisse de Vichères, en contr'échange d'un pré dépendant du lieu de Rougemont, et une pièce de terre située au-dessous du moulin du Pont, paroisse de Vichères, les dits prés tenus de la seigneurie deBoisard à foi et hommage.

6 Avril 1573

Acquêt fait par Charles de Certieux absent et la dame son épouse, Jeanne de Lanfernat, présente, de Mathry Chauveau, laboureur, demeurant à Rougemont, paroisse de Vichères, de 16 perches de pré prises en la grande pièce dépendant de Rougemont, sise au-dessous du moulin du Pont pour 46 livres et 20 sols de vin de marché.

Août 1573

Mémoire détaillé de toutes les pièces de terre que M. de la Manorière possédait dans la paroisse de Vichères.

18 Avril 1575

Acquêt d'un demi quartier de pré en plus grande pièce située au-dessous du moulin du Pont, de Méri Marsenne, demeurant à Nogent, pour le prix de 28 livres, 2 sols.

2 Août 1581

Quittance de la somme de cent livres reçue par Charles de Certieux, l'un des cent gentilshommes de l'ancienne bande de la Maison du Roy, pour les gages du quartier d'avril, may, juin, 1581.

21 Juin 1583

* Adjudication faite par le bailly de Nogent, au profit de François Roy, des deux tiers du moulin du Pont, appartenant aux enfants mineurs de Jean Dugué et Anne Vincent sa femme, pour la quantité de 14 minots de blé méteil par chacun an.

15 Mai 1585

* Adjudication, faite au siège de Saint-Denis de Nogent, au profit de Charles de Certieux, d'une pièce de terre nommée la Jennetrolle, située et dépendant de Marolles, saisie réellement à la requête de l'acquéreur, sur Louis Beaufrère, propriétaire de la dite pièce.

Vers 1585

Répertoire des cens et rentes dus au seigneur de la Manorière dans les paroisses de Marolles, Coudreceau, la Poterie, Saint-Denis-d'Authou et autres.

13 Octobre 1586

* Acquêt de 44 perches de pré, dépendant du lieu de la Pissotte, paroisse de Marolles, fait par Pierre Veron, serger, demeurant à L'Espinay, paroisse de Vichères, de Denis Lorin, marchand, demeurant à Dancé, pour 3 livres, 13 sols ; le dit acquéreur portant obligation de 55 livres tournois au profit de M. de la Manorière.

7 Septembre 1592

Reconnaissance de Nicolas Lescuyer, écuyer, seigneur de la Papotière, que tout ce qui a été passé par certain contrat du 9 octobre 1591, par devant Jacques Roy, tabellion, à Nogent, n'est que pour faire plaisir au sieur de la Manorière.

15 Novembre 1601

* Obligation de la somme de 500 escus d'or faite au profit de Nicolas Lescuyer, écuyer, sieur de la Papotière par Charles de Certieux, écuyer, sieur de la Manorière.

1601

* Ancien mémoire des acquêts que M. de Bouqueval, père de defunt M. de Bouqueval et de M. de la Manorière a fait, dont M. de la Manorière n'avait pas connaissance.

13 Août 1604

* Aveu et dénombrement de la terre et fief du Plessis, rendu à Lancelot de Barat, écuyer, seigneur de Brunelles, par Gilles de Michelet, écuyer, seigneur de Radray, propriétaire et homme de foy du dit fief, tenu à foy et hommage, rachat, cheval de service de la seigneurie de Brunelles.

11 Février 1606

* Ratification d'un contrat de vente faite à Charles de Certieux, écuyer, seigneur de la Manorière et damoiselle Renée de Sarrazin, son épouse, par Jacques Rouleau et Marie Pinceloup sa femme, demeurant à Gratelou, paroisse de Vichères, de 24 perches de pré à prendre dans les grands prés de Gratelou.

13 Mars 1623

* Bail d'une maison et de quelques pièces de terre, situées à la Vofve, paroisse de Vichères, pour 24 livres, un couple de chapons, et deux poulets de rente annuelle payable à Noël.

1624-1637

* Mémoire des titres et contrats appartenant à M. de la Manorière, qui ont été passés par devant un des tabellions de Nogent.

30 Juillet 1630

Acte de composition de rachat des lieux et fief de la Manorière, grand et petit Plessis, paroisse de Vichères, fait entre le procureur fiscal de Brunelles et Denis de Certieux, écuyer, seigneur de la Manorière, et des dits lieux.

12 décembre 1642

* Contrat de constitution de 116 livres, 13 sols, 4 deniers de rente rachetable, pour la somme de 2.100 livres de capital, faite au profit de Pierre de Grenet, écuyer, sieur de Lespiné, demeurant au lieu de la Manorière, par Denis de Certieux, écuyer, seigneur de la Manorière, demeurant au même lieu.

22 Décembre 1645

* Quittance du sieur de Lespiné pour 900 livres et les intérêts et de 2.100 livres que lui devait Denis de Certieux.

1er Mars 1656

* Acte de remise et cession faite par Pierre Chesne, masson, et Andrée Leduc, sa femme, à Denis de Certieux, de la moitié d'une pièce de terre en pré ou noüe, située à la Borde-aux-Merels, paroisse de Vichères, pour raison de laquelle remise, le dit sieur de la Manorière quitte et décharge le dit Chesne et sa femme de la moitié de 6 livres, 16 sols tournois en argent et deux couples de poulets qu'ils étaient tenus de lui payer par chacun an à cause de la prise héritale, par eux faite, du dit lieu de la Borde-aux-Merels.

15 Juin 1658

Testament de Denis de Certieux, écuyer, seigneur de la Manorière.

7 Août 1658

Acte de composition de rachat du fief de la Manorière, faite entre le procureur fiscal de Brunelles et Jean de Marvillier, seigneur de Viabon, propriétaire du dit fief.

17 Janvier 1668

Aveu et dénombrement du lieu, terre et fief de la Manorière rendu à Charles Amelot, seigneur de Brunelles, par Jean de Marvillier, chevalier, seigneur de Viabon, et homme de foy et propriétaire du dit fief, tenu envers la dite seigneurie de Brunelles, à foy, hommage, rachat, cheval de service.

26 Avril 1668

Déclaration de deux arpens de terre en noüe et en terre labourable, appelés le champ de Brunelles, paroisse de Vichères, rendue à Charles Amelot, seigneur de Brunelles, par Jean de Marvillier, chevalier, seigneur de Viabon, propriétaire et détenteur des dites terres chargées envers la seigneurie de Brunelles de 10 sols et 2 poules de rente seigneuriale et foncière payable à Noël.

17 Juillet 1686

Déclaration des mêmes terres rendue à dame Marie Lyonne, veuve de Charles Amelot, seigneur de Brunelles, pour le fief de la Manorière.

17 Juillet 1686

Acte de réception de foi et hommage fait par demoiselle Louise de Marvillier à Marie Lyonne, pour le fief de la Galaizière, paroisse de Vichères.

26 Février 1706

* Bail de la métairie de la Manorière, fait pour trois ans, à commencer le 15 mars, fait par François Le Camus, secrétaire de M. le marquis de Prunelay, fondé de procuration de Charles de Vassé, chevalier, seigneur de Vallière, tuteur honoraire du dit sieur marquis de Prunelay, pour 320 livres par chacun an payable au terme de la Saint-Michel.

9 Mai 1712

* Visite de la terre de la Manorière.

17 Février 1714

* Procuration donnée par M. Durand, seigneur de Pisieux, à M. Duchesnay, de passer tous contrats, actes nécessaires pour l'acquisition de la Manorière.

Vers 1715

Inventaire des titres des terres et seigneuries de la Manorière, le Burail, le Perruchet, la Croix, le moulin Fousseau et autres lieux, qui appartiennent à Jules-César de Prunelay.

11 Avril 1715 — 4 Mars 1716

* Quittances du prix de l'acquisition de la terre et dépendances de la Manorière, payés par M. Durand, chevalier, seigneur de Mongraham, Pisieux, acquéreur de M. de Vassé, cessionnaire de M. le marquis de Prunelay.

2 Mai 1715

* Contrat d'acquest de la terre de la Manorière et autres lieux y énoncés fait par M. Durand, seigneur de Mongraham, du marquis de Prunelay, pour le prix de 15.000 livres.

7 Mai — 9 Novembre 1715

* Trois lettres du marquis de Prunelay, relatives à la rente de la Manorière.

15 Mai 1715

* Lettre de M. Larsonneau au seigneur de Mongraham, pour l'informer que le marquis de Prunelay, a été entièrement payé de ce qu'il lui devait.

3 Juin 1715 — 9 Août 1716

* Cinq lettres de M⁰ Cureau, notaire-royal au Mans, concernant l'emprunt fait au dit lieu, par M⁰ Durand, chevalier, seigneur de Pisieux, pour l'acquisition de la terre de la Manorière.

6 Juin 1715

* Transport de la somme de 15.000 livres courant à intérest pour le prix de la terre de la Manorière, fait par le marquis de Prunelay, à Charles de Vassé, chevalier, seigneur de Vallières, à recevoir de M. Durand, chevalier, seigneur de Mongraham, acquéreur de la dite terre avec quittances.

3 Juillet — 3 Août 1715

* Cinq lettres de M. de Vassé, concernant le transport précédent.

12 Juillet 1715

* Reçu par M. Duchesnay, à M. Durand, chevalier, seigneur de Mongraham, d'une quittance de 6.400 livres sur le prix de l'acquisition de la Manorière.

19 Juillet 1715

* Contrat de constitution de 150 livres de rente au principal de 3.000 livres, faite au profit de Charles de Baigneux, écuyer, seigneur de Montigny, demeurant paroisse de Montbizot, au Maine, par M. Durand, chevalier, seigneur de Mongraham, pour acquisition de la Manorière.

20 Juillet 1715

* Contrat de constitution de 90 livres de rente rachetable de 1.800 livres, fait au profit de M. Pierre Maccot, prêtre, demeurant au Mans, par le même, pour le même objet.

20 Juillet 1715

* Contrat de constitution de 85 livres, au principal de 1.700 livres, au profit des Minimes du Mans pour le même objet.

20 Juillet 1715

* Contrat de constitution de 83 livres, 14 sols au principal de 1.674 livres, au profit des Cordeliers du Mans pour le même objet.

1716

* Extrait du rôle du dixième denier de la paroisse de Vichères et mémoire des biens que M. de Prunelay possédait dans la dite paroisse, pour lequel il a été taxé au dit rôle.

1717

* Requête présentée à Monseigneur l'Intendant de la Généralité d'Alençon, par M. Durand, chevalier, seigneur de Mongraham, nouvel acquéreur de la terre de la Manorière, tendant à obtenir la réduction de sa taxe de 56 livres, pour le dixième denier de son acquisition à 36 livres, 12 sols, 6 deniers seulement.

28 Janvier 1718

* Certificat du Gardien des Cordeliers et du collecteur des Minimes du Mans des deux rentes constituées à leur profit.

1718

* Lettres du marquis de Prunelay, concernant la Manorière.

10 Mai 1720

* Amortissement de la rente due aux Cordeliers du Mans.

Août 1720

* Amortissement de la rente due aux Minimes du Mans.

22 Mai 1722

* Amortissement des rentes de 150 livres et de 272 livres, 14 sols, 6 deniers, dues à Charles de Baigneux, sieur de Montigny.

2 Mai 1715

Acquêt par messire René-Ursin Durand, chevalier, seigneur de Mongraham, du Boullay, de Bure, de Pisieux et autres lieux, demeurant ordinairement en son château de Mongraham, paroisse de Coudray, de messire Jules-César, marquis de Prunellay, chevalier, baron de Saint-Germain-le-Désiré et autres lieux, demeurant au dit Saint-Germain, de la terre, fief et seigneurie de la Manorière, la mestairie de la Croix, le moulin de Fousseau, le bordage et le bois du Burail, le bordage de Perruchet, leurs circonstances et dépendances, assis et situés dans les paroisses de Vichères, Beaumont, Lugny, et de la manière que le dit seigneur de Saint-Germain en a joui et que le tout lui appartient comme héritier sous bénéfice d'inventaire de dame Louise de Marvillier sa mère, laquelle en était propriétaire comme héritière de ses père et mère, moyennant la somme de 15.000 livres tournois.

(Acte passé devant François Margonne et Nicolas Rebours, notaires du comté de Nogent-le-Béthune au Perche).

PREUVES DE LA GÉNÉALOGIE
de la Famille de Certieux

Bibliothèque nationale ; Nouveau d'Hozier ; une généalogie sommaire commençant à Philippe de Certieux, seigneur de Bouqueval en 1530.

Bibliothèque nationale : Cabinet d'Hozier : une généalogie sommaire commençant à Denis de Certieux, vivant vers 1500.

21 Août 1571

Hommage de la seigneurie de la Manorière, mouvante de la seigneurie du Plessis, fait, le 21 août 1571, à Nicolas de Beaulieu, écuyer, seigneur de Plainville et du Plessis, par Charles de Certieux, écuyer, homme d'armes de la compagnie du seigneur de Méru. Acte signé Mercier.

(B. N. Cabinet d'Hozier. Preuves de noblesse de Henriette-Anne de Certieux, présentée pour être reçue à la maison royale de Saint-Cyr, en septembre 1705).

11 Février 1585

Quittance donnée par Charles de Certieux, écuyer, seigneur de la Manorière.

En la présence des notaires du roy, nostre sire en son chastelet de Paris soulzsignés Charles de Certieulx, escuier, seigneur de la Manorière, l'un des cent gentilhommes de l'encienne bande de la Maison du Roy, soulz la charge du seigneur de Chassigny, a confessé avoir eu et reçu comptante de noble home M. Hernolt Fouquet, conseiller du dit seigneur trésorier et paieur d'icelle bande, la somme de trente-trois escus, ung tiers d'escu d'or.... à lui ordonné pour ses gaiges ordinaires à cause de son dict estat durant le quartier de janvier, février et mars, M. V^e quatre-vingts et quatre derniers passé dont quietant et renonciant. Faict et passé es études des dits notaires soubzsignés l'an mil V^c quatre-vingtz-cinq le lundi après-midi onzième jour de febvrier. Signé : Certieux ; Desquatrenvaulx, ; Dohin.

(*B. N. Pièces originales, 637. N° 15.020*).

15 décembre 1588

Sentence rendue aux plaids de la justice du Moulin-Neuf, ressort de Nogent-le-Rotrou le 15 décembre 1588, au profit de Charles de Certieux, écuyer, seigneur de la Manorière, gentilhomme de la maison du roi, au sujet d'une rente qu'il avait à prendre sur Jean de Cremainville, écuyer, comme héritier de Philippe de Certieux, son père, écuyer, seigneur de Bouqueval. Acte signé : Rozaie.

(*B. N. Cabinet d'Hozier. Preuves de noblesse de Henriette-Anne de Certieux*).

3 Février 1602

Contrat de mariage de Charles de Certieux, écuyer, seigneur de la Manorière, l'un des cent gentilhommes de l'ancienne bande de la maison du roi, accordé le 3 février 1602, avec demoiselle Renée de Sarrazin, fille d'Adam de Sarrazin, écuyer, seigneur du Perrai et de Alix de Fontenai de la Taranière. Contrat reçu par Malais, notaire à Préaux, ressort de Bellême au Perche.

(*B. N. Cabinet d'Hozier. Preuves de noblesse de Henriette-Anne de Certieux*).

1er Juillet 1611

Le vendredi 1er juillet 1611, fut inhumé en l'église de Vichères, Charles de Certieux, écuyer, sieur de la Manorière, le Plessis, la Branchardière.

(*Extrait des registres de la paroisse de Vichères.*)

30 Octobre 1611

Le dimanche 30 octobre 1611 fut baptisée Anne, fille de François de Fouchais, écuyer, sieur de la Faucherie et de damoiselle Anne de Gallon son épouse. Parrain, Pierre de Nollant, écuyer, sieur de Chandé et des Cailleaux ; marraine, damoiselle Barbe du Bouchet.

(*Extrait des registres de la paroisse de Luigny*).

1ᵉʳ Avril 1612

Le premier jour d'avril 1612, fut baptisé Benjamin, fils de défunt Charles de Certieux, seigneur de la Manorière et de damoiselle Renée de Sarrazin ses père et mère. Parrain, Benjamin de Boisguyon, seigneur de Prainville ; marraine, Jeanne de Graffard.

(*Extrait des registres de la paroisse de Vichères*).

8 Octobre 1615

Le 8 octobre 1615, a été baptisé Denis, âgé de sept à huit ans, fils de défunt honorable homme Charles de Certieux, seigneur de la Manorière et de honorable femme Renée de Sarrazin. Parrain, Denis Leroy ; marraine, Jeanne Halbert.

(*Extrait des registres de la paroisse de Trizay*).

3 Mars 1622

Le 3 mars 1622 fut ensépulturée Renée de Sarrazin, en son vivant épouse de Charles de Certieux, seigneur de la Manorière.

(*Extrait des registres de la paroisse de Vichères*).

17 mars 1630

Le dimanche 17 mars 1630, fut inhumé en l'église de Beaumont, noble homme, Charles de Certieux, écuyer, seigneur de la Manorière et autres lieux.

(*Extrait des registres de la paroisse de Beaumont-le-Chartif*).

26 Janvier 1631

Contrat de mariage de Benjamin de Certieux, écuyer, seigneur du Plessis, fils de Charles de Certieux, écuyer, seigneur de Manorière, et de damoiselle Renée de Sarrazin, accordé le 26 janvier 1631, avec damoiselle Jacqueline L'Escuyer, fille de Nicolas L'Escuyer, écuyer, seigneur de la Papotière et de damoiselle Filipe Couette. Ce contrat reçu par Boucher, tabellion en la chastellenie de Thiron, ressort de Chartres.

(*B. N. Cabinet d'Hozier. Preuves de noblesse de Henriette-Anne de Certieux*).

2 Avril 1631

Partage des successions de Charles de Certieux, écuyer, seigneur de la Manorière et de damoiselle Renée de Sarrazin, sa femme, fait le 2 avril 1631, entre Denis et Benjamin de Certieux leurs enfants, écuyers. Cet acte reçu par Lorin, notaire à Nogent.

(*B. N. Cabinet d'Hozier. Preuves de noblesse de Henriette-Anne de Certieux*).

9 Octobre 1633

Le 9 octobre 1633 fut baptisé Denis, fils de Benjamin de Certieux, écuyer, seigneur du Plessis et de damoiselle Jacqueline L'Ecuyer, ses père et mère, nommé par Louis de Fontenay, écuyer, sieur de la Tarannière, assisté de damoiselle Marguerite Chartain, fille de Louis de Chartain, écuyer, et de Catherine de Mallart.

(*Extrait des registres de la paroisse de Vichères.*

1er Mai 1634

Le 1er mai 1634 a été baptisé Louis, fils de noble homme Denys de Certieux, sieur de la Manorière et de damoiselle Anne de Fouchais, et a eu pour parrain, noble homme Louis L'Ecuyer, seigneur du Breuil, et pour marraine, damoiselle Françoise L'Ecuyer.

(*Extrait des registres de la paroisse de Vichères.*

25 Mars 1635

Le 25 mars 1635, Charles, fils de Denis de Certieux, écuyer, seigneur de la Manorière et de damoiselle Anne de Fouchais, son épouse, a été présenté au saint baptême, à Authon, par Jacques de Gallon, seigneur de Luigny, et dame Anne de Gallon, veuve de messire François de Fouchais, vivant, chevalier, seigneur de la Faucherie.

(*Extrait des registres des Protestants d'Authon*).

23 Juin 1636

Le 23 juin 1636, ont été épousés Pierre Grenet, écuyer, sieur de Lespinay et damoiselle Louise de Certieux, fille de défunt Charles de Certieux, sieur de la Manorière et de défunte Renée de Sarrazin.

(*Extrait des registres de la paroisse de Vichères*).

24 Septembre 1638

Le 24 septembre 1638, fut baptisée damoiselle Anne, fille de Denis de Certieux, écuyer, sieur de la Manorière, et de damoiselle Anne de Fouchais. Le parrain, Pierre Grenet, écuyer, sieur de Lepiné ; la marraine, Antoinette de la Ferrière, épouse de Josué de Fouchais, sieur de la Faucherie.

(*Extrait des registres de la paroisse de Tiron*).

30 Avril 1654

Le 20 avril 1654, furent épousés Jehan de Marvilliers, fils de René de Marvilliers et de N. de Molitard, et Anne de Certieux, fille de Denis de Certieux et de Anne de Fouchais.

(*Extrait des registres de la paroisse de Vichères*).

2 Juin 1656

Le 2 juin 1656, fut inhumée dans le chœur de l'église, damoiselle Anne de Certieux, âgée de 18 ans, femme en son vivant de Jean de Marvilliers.

(*Extrait des registres de la paroisse de Vichères*).

30 Novembre 1657

Contrat du premier mariage de Denis de Certieux, écuyer, fils de Benjamin de Certieux, écuyer, seigneur du Plessis et de

Jacqueline L'Escuyer, sa femme, accordé avec damoiselle Anne de Dannemont, le 30 novembre 1657. Ce contrat reçu par Viandier, notaire au bourg de Saint-Ulphace, ressort de la baronnie de Montmirail.

(*B. N. Preuves de noblesse de Henriette-Anne de Certieux*).

21 Juin 1658

Le 21 juin 1658, a été inhumé en l'église de céans, Denys de Certieux, écuyer, sieur de la Manorière.

(*Extrait des registres de la paroisse de Vichères*).

17 Juillet 1662

Le 17 juillet 1662, fut inhumé au chœur de l'église de Vichères, le corps de damoiselle Jacqueline L'Ecuyer, vivante, femme de Benjamin de Certieux, sieur du Plessis, âgée de 75 ans, environ.

(*Extrait des registres de la paroisse de Vichères*)

16 Décembre 1681

Sentence rendue par le bailli de la baronnie de Montmirail en Beauce, le 16 décembre 1681, au profit de Denis de Certieux, écuyer, seigneur de la Manorière et de damoiselle Marie de Dannemont, sa femme, contre Jacquet-François de Commargon, chevalier, seigneur de Mereglise et dame Marie de Commargon, femme de M. Léonor de Moy, chevalier, seigneur de Gemasses (1).

(*B. N. Cabinet d'Hozier. Preuves de noblesse de Henriette-Anne de Certieux*.

30 Janvier 1692

Contrat de mariage de Denis de Certieux, écuyer, seigneur de la Manorière, accordé le 30 janvier 1692, avec damoiselle Henriette de Gallot, fille de Louis de Gallot, écuyer, seigneur de

---

(1) Il vendit en 1675 à Denis de Certieux le lieu de la Racinière (Archives d'Eure-et-Loir, B. 2135).

Tilli et de damoiselle Henriette de Pezé. Contrat reçu par Suart, notaire de la baronnie d'Authon, ressort des cinq baronnies du Perche-Gouet.

(*B. N. Cabinet d'Hozier. Preuves de noblesse de Henriette-Anne de Certieux*).

11 Février 1692

Le lundi 11 février 1692, nous avons donné la bénédiction nuptiale à Denis de Certieux, écuyer, seigneur de la Manorière en secondes noces et à damoiselle Henriette, fille de défunt Louis de Gallot, écuyer, sieur de Tilli et de Henriette de Pesé.

(*Extrait des registres de la paroisse d'Authon*).

15 Septembre 1695

Baptême de Henriette-Anne, fille de noble Denis de Certieux, écuyer, seigneur de la Manorière et de damoiselle Henriette de Galot, née le 13, et baptisée le 15 septembre de l'an 1695.

(*Extrait des registres de la paroisse de Theligny*).

29 Juin 1717

L'an 1717, le 29 juin, j'ai fait la célébration du mariage de messire Denis de Certieux, écuyer, seigneur des Alleux, fils de feu messire Denis de Certieux, écuyer, sieur de la Manorière et de Dame Henriette de Gallot, et de Marie-Victoire de Creminville, fille de feu messire Elie de Creminville, chevalier, seigneur de Seville, et de dame Marie-Marguerite de Saint-Meloir.

(*Extrait des registres de la paroisse d'Authon*).

10 Mai 1718

Le 10 mai 1718, a été baptisée Marie-Catherine, fille de noble Denis de Certieux, écuyer, seigneur des Alleux et de dame Marie-Victoire de Cremainville.

(*Extrait des registres de la paroisse de Theligny*).

8 Juillet 1722

Le 8 juillet 1722, j'ai procédé à la célébration du mariage entre messire Denis de Certieux, chevalier, seigneur des Alleux, et autres lieux, veuf en premières noces de Marie-Victoire de Cremainville, et dame Louise de Collas, veuve de messire Jacques de Commargon, chevalier, seigneur de Mereglise, en présence de messire Louis de Gallon, écuyer, seigneur de Marcelle, messire François des Acres, écuyer, sieur de la Roullerie, Jacques Moreau, notaire à Theligny.

(*Extrait des registres de la paroisse de Mereglise*).

Anton Goebel,... — *Berlin, Weidmann*, 1878-1880. 2 vol. in-8°. [8° X. **724**

[Lexique d'Homère et des Homérides, avec de nombreuses contributions à l'étymologie grecque en général, ainsi qu'à l'étymologie latine et germanique.]

—— De Trojac ludo... *Voir* **MEIRING** (M.). Zu den öffentlichen Prüfungen, welche am Gymnasium zu Düren, zum Schlusse des Schuljahres 1851-52, am 26. August 1852 stattfinden werden, ladet ergebenst ein Dr. M. Meiring,... — *Düren*, 1852. In-4°. [4° J. **265**

GÖBEL (C.), pasteur à Erlangen. — *Trad.* **VAN de VELDE** (C. W. M.). Reise durch Syrien und Palästina in den Jahren 1851 und 1852,... — *Leipzig*, 1855-1856. 2 vol. in-8°.

2 ex. [8° O²e. **32** et Z. Renan. **7292**

GÖBEL (Carl), professeur de botanique à Munich. — Gedächtnisrede auf Karl von Nägeli, gehalten in der öffentlichen Sitzung der k. b. Akademie der Wissenschaften zu München am 21. März 1893, von K. Goebel,... — *München, Verlag der k. b. Akademie*, 1893. In-4°, 19 p. [4° M. Pièce. **380**

[Discours commémoratif sur Carl von Nägeli.]

—— Grundzüge der Systematik und speciellen Pflanzenmorphologie nach der vierten Auflage des Lehrbuchs der Botanik von J. Sachs neu bearbeitet von Dr. K. Goebel,... — *Leipzig, W. Engelmann*, 1882. In-8°, viii-550 p., fig.
[8° S. **3296**

[Principes de classement et de morphologie du règne végétal, remaniement du II° livre du Traité de botanique de J. Sachs.]

—— Organographie der Pflanzen, insbesondere der Archegoniaten und Samenpflanzen, von Dr. K. Goebel, — *Jena, G. Fischer*, 1898-1901. Gr. in-8°, xviii-839 p., fig. [4° S. **1763**

[Organographie des végétaux.]

GOEBEL. — Pflanzenbiologische Schilderungen, von Dr. K. Goebel,... — *Marburg, N. G. Elwert*, 1889-1893. 3 vol. in-8°, fig., pl. [8° S. **6417**

[Descriptions de biologie végétale.]

—— Ueber die gegenseitigen Beziehungen der Pflanzenorgane... von Dr. K. Goebel. — *Berlin, C. Habel*, 1884. In-8°, 31 p. [8° Z. **1046**

[Relations réciproques des organes des

www.ingramcontent.com/pod-product-compliance
Lightning Source LLC
Chambersburg PA
CBHW060909050426
42453CB00010B/1629